AF358167

LE
VEUF DU MALABAR

OPÉRA-COMIQUE EN UN ACTE,

PAROLES DE

MM. P. SIRAUDIN ET ADRIEN ROBERT,

MUSIQUE DE

M. DOCHE,

REPRÉSENTÉ POUR LA PREMIÈRE FOIS, A PARIS, SUR LE THÉATRE ROYAL DE L'OPÉRA-COMIQUE,
LE MERCREDI 27 MAI 1846.

Prix : 60 centimes.

Paris.

Mᵉ Vᵉ JONAS, LIBRAIRE-ÉDITEUR DE L'OPÉRA,
PASSAGE DU GRAND-CERF, 52.

—

1846

LE VEUF DU MALABAR,

OPÉRA-COMIQUE EN UN ACTE.

Le théâtre représente un salon-terrasse qui ferme par le fond; fenêtre au fond, petite porte à gauche, divan à droite.

SCÈNE PREMIÈRE.

LAVERDURETTE, *endormi sur un divan,* MARFORIO, *occupé à lui chasser les mouches.*

MARFORIO.

AIR.

Quelle occupation charmante !
Quel métier sot et fatigant !
Il faut tout le jour que j'évente
Sans me reposer un instant !
Si par hasard un insolent moustique
Sur son nez vient à se placer,
Si par erreur une mouche le pique,
Mon devoir est de les chasser !
Le moindre bruit ici doit se proscrire,
C'est un sommeil qu'il ne faut pas troubler !
Personne ici n'a le droit de rien dire,

Laverdurette ronfle.

Lui seul a le droit de parler !
Quelle occupation charmante!
Quel métier sot et fatigant !
Il faut que sans cesse j'évente
Sans me reposer un instant !

Il laisse tomber son éventail sur le nez de Laverdurette.

LAVERDURETTE.

Oh !

MARFORIO.

Bien ! je l'ai réveillé... Monsieur, auriez-vous besoin de quelque chose ?

LAVERDURETTE.

J'ai besoin que tu ne me casses pas le nez avec ton éventail...

MARFORIO, *faisant l'étonné.*

Quoi, monsieur ?

LAVERDURETTE.

Fais donc l'imbécile !

MARFORIO.

Je fais ce que je peux, monsieur.

LAVERDURETTE.

Voyons, quelle heure est-il ?

MARFORIO.

Il est trois heures de relevée.

LAVERDURETTE.

De relevée... je me recouche !... Rechasse-moi les mouches !...

MARFORIO.

Comment, monsieur, vous allez vous rendormir !

LAVERDURETTE.

Au fait, non ; il faut varier ses plaisirs... causons, Marforio... dis-moi, comment te trouves-tu ici ?

MARFORIO.

Ma foi, monsieur, je trouve ce pays fort agréable.

LAVERDURETTE.

Et tu t'y plais ?

MARFORIO.

Oui, monsieur... je vis ici comme le poisson dans l'eau... Ah ! que je remercie le ciel de vous avoir placé sur ma route... en quittant les côtes d'Espagne, allez, vous m'avez rendu un fameux service !

LAVERDURETTE.

Et comment ?

MARFORIO.

Vous allez me comprendre, monsieur.

LAVERDURETTE.

Je t'écoute.

MARFORIO.

Je suis né à Naples... Je ne vous donnerai pas de détails sur mon enfance...

LAVERDURETTE.

J'aime autant cela !

MARFORIO.

Ni sur mon adolescence...

LAVERDURETTE.

Ta discrétion me plaît !

MARFORIO.

Vous êtes bien bon... Je passe tout de suite à l'âge mûr, âge auquel je me mariai à une femme jolie, aimable, spirituelle...

LAVERDURETTE.

Ah !

MARFORIO.

Malheureusement, son esprit, sa beauté, son amabilité furent remarqués par de beaux et jeunes seigneurs de la cour...

LAVERDURETTE.

Ah ! ah !

MARFORIO.

Ma femme remarqua les jeunes et beaux seigneurs de la cour qui la remarquaient, et de remarques en remarques, j'acquis la certitude...

LAVERDURETTE.

Hé! hé! ton récit m'intéresse... continue.

MARFORIO.

Je ne vous donnerai pas de détails sur...

LAVERDURETTE.

Pourquoi pas, mon garçon... va toujours!

MARFORIO.

Non ; je préfère vous taire le reste, pour des raisons... supérieures.

LAVERDURETTE.

Je comprends...

MARFORIO.

Je quittai mon épouse, et un beau matin, j'arrivai en Espagne... là, je rencontrai encore une femme..... Ah! monsieur, quels yeux! quelle taille! quel pied!... monsieur, j'épousai tout cela!

LAVERDURETTE, *se levant.*

Comment! tu serais bigame !

MARFORIO.

Oui, monsieur. Malheureusement, cette Andalouse, car c'était une Andalouse, était d'une jalousie de panthère... je ne pouvais regarder du coin de l'œil une autre femme sans que mon Andalouse ne me menaçât de son stylet... plusieurs fois, elle fit mieux, et je possède dans les côtes des marques frappantes de son amour... Je me dis, il n'y a pas moyen de vivre avec cette femme-là!... Je pris mon parti, mon paquet et mon argent, et je quittai mon Espagnole... c'est alors, monsieur, que je vous rencontrai... j'entrai à votre service, je vins avec vous au Malabar, où, subjugué par les charmes d'une jeune Africaine... je l'épousai!

LAVERDURETTE, *réfléchissant.*

Tu es trigame?

MARFORIO.

Oui, monsieur.

LAVERDURETTE.

Mais, malheureux, si jamais tu retournes...

MARFORIO.

A Naples?... le beau ciel qui m'a vu naître ne me verra pas mourir... En Espagne?... l'Andalouse qui m'aimait de trop près ne m'aimera plus que de loin !

LAVERDURETTE.

Et ce sera bien vu!... Mais pour cette fois, j'espère que tu es heureux avec ta troisième femme...

MARFORIO.

Heu! heu! oui et non... Mon Africaine est bonne, complaisante et fidèle... malheureusement, elle m'aime beaucoup trop!

LAVERDURETTE.

Tu m'étonnes singulièrement, Marforio. car vraiment tu n'es pas beau !

MARFORIO.

Vous trouvez!... Enfin, dans ses moments de jalousie, elle me menace...

LAVERDURETTE.

Comme ton Andalouse?

MARFORIO.

Oui... seulement ses menaces ne s'adressent point à moi... c'est elle qu'elle menace de détruire... dans ses accès de jalousie, c'est elle qu'elle veut frapper...

LAVERDURETTE.

Tu es bien heureux d'avoir des femmes qui veulent se tuer pour toi !

MARFORIO.

Ça flatte !

LAVERDURETTE.

Ce n'est pas la mienne... Ah! la voici... Laisse-nous, Marforio.

Marforio sort.

SCÈNE II.

LAVERDURETTE, DJINA.

DJINA.

Eh bien, vous voilà, monsieur !... voici trois heures que je me promène en vous attendant toujours...

LAVERDURETTE.

Je n'ai pas pu, chère amie ; c'était l'heure de ma sieste...

DJINA.

Je trouve la raison charmante !

LAVERDURETTE.

Et puis, les affaires de mon commerce...

DJINA.

Ah! voilà le grand mot lâché!... mes affaires! mon commerce!... Croyez-vous donc, monsieur, que je vous aie épousé pour vous laisser faire ainsi votre fortune à mes dépens?

LAVERDURETTE.

Comment, à vos dépens?

DJINA.

Sans doute!... une heure passée près de moi... deux paroles échangées avec moi, c'est autant de perdu pour vos affaires, votre commerce, comme vous dites...

LAVERDURETTE.

Mais, chère amie...

DJINA.

Je m'ennuie dans ce pays, monsieur !

LAVERDURETTE.

Mais ce pays est le vôtre !

DJINA.

Raison de plus... et puis, vous m'avez habituée à d'autres idées en me parlant de l'Europe, de la France!...

PREMIER COUPLET.

Vous le savez, je n'ai plus de patrie,
  Pas un ami, je n'ai plus rien,
Vous seul avez à diriger ma vie,
Vous, mon mari, mon guide, mon soutien.
Je suis à vous, partout quoi qu'il advienne,
Partout vos pas des miens seront suivis...
Votre patrie à présent c'est la mienne...
    La France est mon pays !
    La France est mon pays !

DEUXIÈME COUPLET.

Vous m'avez dit, c'est un séjour de fêtes...
  La France est un vrai paradis,
Tout est plaisirs, spectacles et toilettes !
Enfin, monsieur, c'est de vous que j'appris
Que les maris en France étaient fidèles,
Qu'on y trouvait de sincères amis...
Qu'en ce pays les femmes étaient belles...
    La France est mon pays !
    La France est mon pays !

Ainsi, monsieur, réfléchissez-y bien... il m'est impossible de demeurer plus longtemps dans ce pays de barbares !...

LAVERDURETTE.

De barbares !... mais je n'ai qu'à me louer des lois de ce pays... du gouverneur...

DJINA.

Vous refusez de partir ? Eh bien ! prenez-y garde... d'abord je vais changer de conduite et de manière d'être envers vous !

LAVERDURETTE.

Ah !

DJINA.

Jusqu'à présent je me flatte d'avoir été une femme douce, soumise, économe... désormais, il n'en sera plus ainsi... et pour commencer, dès demain je me livre à un luxe effréné de dépenses pour ma toilette...

LAVERDURETTE.

Ah ! vraiment !

DJINA.

Je vous sais avare... très-avare !

LAVERDURETTE.

Madame !... A votre aise, du reste... mais vos dépenses, quelles qu'elles soient, ne me feront pas changer d'idée... Voulez-vous des cachemires ?... on les a pour rien ici... des toilettes ?... les femmes s'habillent si peu dans ce pays... si peu... et d'ailleurs, le Malabar n'offrirait pas de grandes ressources à votre coquetterie... un pays de sauvages !

DJINA.

Vous croyez cela ?

LAVERDURETTE, à lui-même.

C'est ce qui me rassure un peu !

DJINA, à part, voyant entrer Mossoul.

Mon cousin Mossoul... nous allons voir !

SCÈNE III.

LAVERDURETTE, DJINA, MOSSOUL.

MOSSOUL, *entrant par le fond.*

Cousin, cousine !...

DJINA.

Eh ! bonjour, Mossoul !... ce cher cousin !... que je suis enchantée de le voir... (*à Laverdurette*) et vous ?

LAVERDURETTE.

Moi aussi.

DJINA.

Car je l'aime beaucoup, Mossoul... (*de même*) et vous ?...

LAVERDURETTE.

Je l'adore ! (*A part.*) Je ne puis pas le souffrir !

MOSSOUL.

En vérité, Djina, je ne vous ai jamais vue si aimable et si charmante !

DJINA.

Ah ! cousin, vous êtes injuste envers moi... mes plus doux souvenirs ne me reportent-ils pas naturellement aux jours que nous avons passés ensemble... quand, tous deux enfants... (*A Laverdurette.*) Mais je m'aperçois que ces souvenirs, ces détails de notre enfance... ne paraissent pas vous plaire !...

LAVERDURETTE.

Moi !... au contraire !... les souvenirs d'enfance me plaisent beaucoup !... (*A part.*) C'est un peu... elle veut me piquer !... (*Haut.*) Cela me charme beaucoup, les souvenirs d'enfance... jours pleins de candeur et d'innocence...

DJINA.

Oui, de candeur et d'innocence... Qu'en dites-vous, cousin ?

MOSSOUL.

Moi ?

LAVERDURETTE.

Hein !

DJINA.

Tous deux à peu près du même âge, Mossoul et moi... nous pensions que la vie, alors si gaie et si insouciante, serait toujours de même pour nous... nous ne supposions pas un instant la séparation... c'est à ce point qu'on nous regardait presque comme fiancés... on nous appelait, en plaisantant, les époux en bas âge... Vous souvenez-vous de cela, cousin ?

MOSSOUL.

Moi !... si je me le rappelle ?... (*A part.*) Pas du tout...

LAVERDURETTE, *à part.*

C'est pour me contrarier !... et elle me contrarie... mais n'ayons pas l'air ! (*Haut, à*

Mossoul.) A votre tour, cousin, répondez-
donc à Djina !

DJINA.

Oh! mon mari n'est pas jaloux... ne vous
gênez pas, Mossoul !...

LAVERDURETTE.

Non... ne vous gênez pas, cousin !

MOSSOUL.

En vérité, un encouragement si flatteur !...
(*A part.*) Je ne l'ai jamais vu aussi aimable,
et elle aussi jolie qu'aujourd'hui !

DJINA, *à part.*

Ce cher cousin... il n'y comprend rien du
tout !

SCÈNE IV.

LES MÊMES, MARFORIO.

MARFORIO, *entrant, à Laverdurette.*

Des gens de tous pays, hommes, femmes et filles,
Chargés de diamants, d'objets de tous métaux...

LAVERDURETTE.

Eh! je n'ai pas le temps!

MARFORIO.

L'un d'eux m'a dit ces mots...
Nourri dans le sérail, j'en connais les pastilles !...
Et je viens vous en proposer !

LAVERDURETTE, *avec colère.*

Qu'il s'en aille !

DJINA.

Eh! pourquoi, monsieur, le refuser?
Pourquoi rester lorsque l'on vous réclame
En cet instant...
Allez, et revenez auprès de votre femme
Qui vous attend?
Pour se distraire un peu de votre absence,
Mossoul et moi, dans un doux entretien,
Nous redirons les jours de notre enfance !

LAVERDURETTE, *à part.*

Je goûte peu cet entretien ;
J'aimerais mieux qu'ils ne se dissent rien !

DJINA.

Allez... eh bien !
Vous n'êtes point parti !

LAVERDURETTE.

Tout à l'heure, madame...

A part.

Un étrange soupçon s'élève dans mon âme.

ENSEMBLE.

Pourquoi rester lorsque l'on vous réclame
En cet instant?
Allez, et revenez auprès de votre femme
Qui vous attend !

Laverdurette sort avec Marforio.

SCÈNE V.

DJINA , MOSSOUL , *puis* LAVERDU-RETTE, *caché.*

MOSSOUL.

Votre mari, cousine, est un mari charmant!

DJINA.

Ne vous y fiez pas..

MOSSOUL.

Comment!

DJINA.

En deux mots je puis vous instruire...
Pendant qu'il n'est pas là, Mossoul, je puis vous dire...

MOSSOUL.

Eh bien?

DJINA.

Eh bien, il est jaloux!

MOSSOUL.

Il est jaloux !... de qui donc!

DJINA.

Eh! de vous!

MOSSOUL.

De moi, jaloux !

DJINA.

De vous, jaloux !
Et surtout, chose qui m'étonne,
C'est qu'il m'ait laissée ainsi
Causer avec vous seul ici...
Lui qui ne se fie à personne !...

*A ce moment Laverdurette entre doucement par la
porte du fond et se cache à droite, derrière les ri-
deaux de la porte.*

MOSSOUL, *sans voir Laverdurette.*

PREMIER COUPLET.

Mais pourquoi donc, chère cousine ,
Le cousin serait-il jaloux?
Ai-je donc jamais, j'imagine,
Usurpé ses droits comme époux...

DJINA, *faisant la coquette et épiant son mari.*

Cousin, cousin, votre langage est si doux !

MOSSOUL.]

A moi !

DJINA.

Puis, quand votre regard se pose
Sur moi... tenez, tout comme en ce moment.

LAVERDURETTE, *à part.*

Eh bien?

MOSSOUL.

Eh bien?

DJINA.

J'éprouve quelque chose
Que je ne puis définir...

MOSSOUL.

Quoi ! vraiment?

LAVERDURETTE, *à part, toujours caché.*

Je sais bien, moi, ce que j'éprouve en ce moment!

MOSSOUL.

DEUXIÈME COUPLET.

Oui, maintenant plus j'examine
Mon âme et l'état de mon cœur
Et plus j'éprouve, ma cousine...

LAVERDURETTE, à part.

Ce qu'il éprouve me fait peur!

DJINA, à part, regardant son mari.

Il nous écoute, quel bonheur!

MOSSOUL, baisant la main de Djina.

Eh bien, quand ma lèvre se pose
Sur votre main... tout comme en ce moment!

LAVERDURETTE, à part, avec effroi.

Un baiser...

MOSSOUL.

Ah! j'éprouve quelque chose
Que je ne puis définir...

DJINA.

Quoi! vraiment?

LAVERDURETTE à part.

Je sais bien, moi, ce que j'éprouve en ce moment!

MOSSOUL.

Laissez-moi de nouveau sur cette main jolie...
Ah! je vous en supplie...

LAVERDURETTE, se montrant au moment où Mossoul
baise la main de Djina.

Ah! c'en est trop!

DJINA, jouant l'étonnement.

Mon mari!

MOSSOUL.

Son mari... que lui dire? ah! grand Dieu!

DJINA.

Adieu, Mossoul.

MOSSOUL.

Cousine, adieu!

ENSEMBLE.

LAVERDURETTE.

Ah! le courroux m'enflamme!
Lorsque je suis là-bas,
Il embrasse ma femme
Qui ne se défend pas!

MOSSOUL.

Oui, le courroux l'enflamme,
J'en ris encor tout bas,
Moi, j'embrasse sa femme
Qui ne se défend pas!

DJINA.

Oui, le courroux l'enflamme
Et moi j'en ris tout bas,
On embrasse sa femme
Qui ne se défend pas!

Mossoul sort après avoir salué Djina et Laverdurette.

SCÈNE VI.

DJINA, LAVERDURETTE.

LAVERDURETTE.

Maintenant que nous sommes seuls, expliquez-moi, je vous prie...

DJINA.

Mais qu'avez-vous donc? seriez-vous contrarié parce que mon cousin me prenait la main... qu'il l'embrass...?...

LAVERDURETTE.

Madame!... (*A part.*) Mais non, c'est un manége, une comédie... (*Haut, et froidement.*) Moi! du tout... au contraire...

DJINA.

Si... avouez-le... vous avez paru affecté!

LAVERDURETTE.

Parce que Mossoul vous baisait la main?... Ah! ah! en vérité, il faudrait que je fusse bien ridicule!

DJINA.

Comment! cela ne vous faisait rien?

LAVERDURETTE.

Ah! si... si... cela me faisait quelque chose, cela me faisait plaisir... de voir une si douce harmonie... entre cousin... et cousine...

DJINA.

Ah! cela vous faisait plaisir?

LAVERDURETTE.

Beaucoup! (*A part.*) Ça la vexe!

DJINA, dépitée.

Monsieur!

LAVERDURETTE.

Madame!

DJINA.

Mais vous n'avez donc pas d'yeux! Mais vous ne voyez donc pas que mon cousin Mossoul m'aime...

LAVERDURETTE.

Bah!

DJINA.

Qu'il me fait la cour!

LAVERDURETTE.

Vraiment?

DJINA.

Mais vous ne voyez donc rien?

LAVERDURETTE.

Je vois, madame, le but de votre coquetterie... je vois que vous espériez me faire céder en éveillant en moi la jalousie... mais vous n'y réussirez pas, madame!

DJINA, à part.

Rien ne peut donc l'émouvoir... le toucher?... je suis furieuse!

LAVERDURETTE.

Elle enrage!

DJINA.

Monsieur Laverdurette!...

LAVERDURETTE.

Madame Laverdurette!...

DJINA.

Tenez... vous m'exaspérez... et si je ne me retenais...

LAVERDURETTE.

Madame!

DJINA.

Si j'osais!...

LAVERDURETTE.

Osez, madame !

DJINA.

Vous me bravez, je crois !... mais vous ignorez à quelles extrémités je puis me porter... Je ne suis pas comme vos femmes de France, moi !... nous autres Indiennes, nous avons des armes sur nous... et nous savons nous en servir !

Elle tire son poignard.

LAVERDURETTE, *avec crainte.*

Hein ! madame... madame...

Elle le poursuit.

DJINA, *à part.*

Je l'ai effrayé !

LAVERDURETTE.

Vous croyez me faire peur ?... Vous, me menacer !... me frapper !... me tuer !... oh ! vous n'oseriez pas !

DJINA.

Comment ?

LAVERDURETTE.

Les lois de ce pays vous arrêteraient..... J'habite le Malabar, j'y suis naturalisé au Malabar... et vous n'ignorez pas le sort des veuves du Malabar ?... Ah ! mais, je connais les lois du Malabar, moi, madame... ainsi donc vos menaces me touchent peu.

DJINA.

Ah ! vous connaissez les lois et les habitudes de ce pays, monsieur !.... c'est bien... moi aussi, je les connais !... Jusqu'à présent, j'hésitais avant d'accomplir un projet que je médite... mais rien ne me retient plus maintenant... Ah ! vous ne voulez pas quitter ce pays !... vous voulez me pousser à bout !... eh bien, vous verrez ce dont je suis capable... Vous aurez bientôt de mes nouvelles... Adieu, monsieur... adieu !

Elle sort vivement par le fond.

SCÈNE VII.

LAVERDURETTE, *puis* MARFORIO.

LAVERDURETTE.

Encore une menace qui aboutira comme les autres... à rien !... Moi, abandonner le Malabar... où je vis heureux, considéré, riche... riche surtout... ma fortune, je l'ai faite ici... et par reconnaissance, je dois en jouir ici !... Quitter ce pays !... ah ! bien oui... et mon commerce, mes diamants, mes topazes, mes émeraudes !... allons donc !... c'est impossible !... Hein ! qui vient là ?... c'est Marforio !... Qu'as-tu donc ?... tu parais tout ému...

MARFORIO.

Ah ! monsieur, j'ai lieu de l'être, ému !

LAVERDURETTE.

Et pourquoi ?

MARFORIO.

Je viens d'avoir une scène avec ma troisième, mon Africaine !

LAVERDURETTE.

Tiens ! toi aussi ?

MARFORIO.

Ah ! monsieur, c'est affreux d'avoir une femme qui vous adore ainsi !

LAVERDURETTE.

Que t'est-il donc arrivé ?

MARFORIO.

Figurez-vous que je me rendais chez moi... mon Africaine m'attendait avec la plus vive impatience... par hasard je lorgnai de trop près, juste devant ma maison, une jeune fille qui passait... j'ignorais que ma femme, cachée derrière sa jalousie, se livrait à la sienne... de jalousie... Elle m'avait vu... et quand je rentrai chez moi, elle prit un stylet... et me dit, avec cet accent qui est particulier à sa nation et à sa couleur : Toâ, petit blanc, tromper femme à toâ !... mais moâ, femme à toâ... faire mourir moâ !...

LAVERDURETTE.

Comment ! elle t'a dit cela ?

MARFORIO.

Oui, monsieur !

LAVERDURETTE.

Comme ça ?

MARFORIO.

Comme ça !

LAVERDURETTE.

Ça n'est pas agréable.

MARFORIO.

Pardine, je crois bien !... Et peu s'en fallut qu'elle ne se plongeât un stylet dans le cœur... J'arrêtai son bras ; sans cela, vous verriez devant vous un homme veuf... Un poignard dans le cœur !... j'en frissonne pour elle !

LAVERDURETTE.

Ce serait désagréable pour ta femme, j'en conviens ; mais toi qui as l'habitude du mariage... tu te consolerais aisément !

MARFORIO.

Mais on ne me laisserait pas le temps de me consoler... si ma femme se tuait !

LAVERDURETTE.

Comment cela ?

MARFORIO.

PREMIER COUPLET.

L'amant qui pleure son amie,
L'exilé pleurant sa patrie,
De douleurs ont leur triste part...
Hélas ! je serais plus à plaindre !

Hélas! combien j'aurais à craindre
Si j'étais veuf du Malabar!

DEUXIÈME COUPLET.

Dans son humeur sombre et jalouse,
Si ma trop chère et tendre épouse
Contre elle tournait son poignard...
Ah! combien je serais à plaindre,
Combien, hélas! j'aurais à craindre...
Je serais veuf du Malabar!

LAVERDURETTE.
Qu'est-ce que tu me dis là?
MARFORIO.
Comment! vous ne savez pas... vous ignorez la loi sur le suicide?... Oh! c'est très-curieux... je vais vous apprendre cela!... Voilà!... Eh! mon Dieu! qu'y a-t-il?

SCÈNE VIII.

LES MÊMES, HASSAN, *accourant.*

LAVERDURETTE, *à Hassan.*
Qu'est-ce donc? pourquoi ce tapage?
Pourquoi ce bruit dans ma maison?
Parlez!

HASSAN.
Monsieur, près du rivage...
LAVERDURETTE.
Eh bien!

HASSAN.
Je n'ose!
LAVERDURETTE.
Eh! parlez donc!
HASSAN.
Votre femme Djina...
LAVERDURETTE.
Djina... dites-moi vite...
Ah! quel pressentiment m'agite...
HASSAN.
Hélas! elle n'est plus!
LAVERDURETTE.
Courons vite...
HASSAN.
Efforts superflus!

Au moment où Laverdurette et Hassan sortent par le fond, Djina entre par la porte de droite et apparaît à Marforio qui reste stupéfait. Trémolo sourdine à l'orchestre.

SCÈNE IX.

MARFORIO, DJINA.

MARFORIO.
Quoi! vous ici, madame!
DJINA.
Si tu dis un seul mot, je vais trouver ta femme
Et je lui raconte sur toi

Des choses qui devront piquer sa jalousie...
MARFORIO.
Non, non, je me tairai, madame... croyez-moi!
DJINA.
Et comme elle a dessein d'abandonner la vie,
Si sur ton compte elle apprenait...
MARFORIO.
Ah! je serai discret!
DJINA.
Jusqu'à présent mon plan a réussi,
Et sachez bien, mon tendre et cher mari,
Que lorsque j'ai mis dans ma tête
Une idée, une chose... il faut qu'elle soit faite!...
Pour m'assurer un succès plus complet,
Et pour mieux voir réussir mon projet...
Il me faut une autre conquête...
Il faut que maintenant j'obtienne sa cassette!...
Et sachez-le, mon cher mari,
Ma volonté doit être faite!

MARFORIO, *qui a été regarder au fond.*
Les voici!
DJINA, *vivement.*
Fuyons!

Ils sortent vivement par la droite.

SCÈNE X.

LAVERDURETTE, MOSSOUL.

MOSSOUL.
Tenez, en allant sur la plage,
Voici ce que j'ai trouvé...
Présentant à Laverdurette le voile de Djina et un billet.
Ce vêtement sur le bord du rivage,
Et ce billet inachevé!
LAVERDURETTE.
Ce voile est bien le sien... l'écriture est la sienne;
Ah! je ne puis contenir mon effroi!
Lisons vite... quelle crainte est la mienne!
Il lit.
« Mon cher ami, je meurs... Adieu! pardonnez-moi! »
Il tombe accablé sur le divan.

Pauvre Djina! voilà donc le projet qu'elle méditait!... C'est ma faute! oui... c'est le chagrin, le désespoir... Ah! c'est affreux! c'est affreux!
MOSSOUL.
Pauvre Djina!
LAVERDURETTE.
Ah!
MOSSOUL.
Elle était si gentille... si aimable... pour moi!
LAVERDURETTE.
C'est vrai.

MOSSOUL.

Nous l'aimions tant !... moi surtout !

LAVERDURETTE.

C'est vrai !

MOSSOUL.

Elle nous aimait bien aussi... moi surtout.

LAVERDURETTE.

Ce pauvre Mossoul !

MOSSOUL.

Oh ! je la regrette bien !

LAVERDURETTE, *se levant.*

Il me fait de la peine !... Voyons, cousin,
consolez-vous...

MOSSOUL.

Ah ! c'est que vous ne savez pas quel
trésor c'était !

LAVERDURETTE.

Si... si... je le sais !

MOSSOUL.

Vous ne connaissiez pas ses qualités...

LAVERDURETTE.

Si... si... mais enfin, il faut se faire une
raison...

MOSSOUL.

C'est bien aisé à dire !

LAVERDURETTE.

Voyons, un peu de force d'âme... que
diable ! on est homme ou on ne l'est pas !

MOSSOUL.

Ah ! cette bonne Djina !... ah ! ah ! ah !

DUO.

MOSSOUL.

Elle avait tout, grâce, beauté,
Un caractère doux, aimable...
Et pour moi sa tendre bonté
Était d'un prix inestimable !
Pauvre Djina ! perdue, hélas !
Ah ! croyez-le bien, sur mon âme,
Je ne me consolerai pas
De la perte de votre femme !

LAVERDURETTE.

En vérité, ce garçon me chagrine !
Je ne saurais le voir ainsi !

MOSSOUL.

Hélas ! j'aimais tant ma cousine !

LAVERDURETTE.

Mais, moi, j'aimais ma femme aussi !

MOSSOUL.

Pas tant que moi, je vous assure !

LAVERDURETTE.

Non, pas tant que moi, je vous jure !

MOSSOUL.

Oh ! si !

LAVERDURETTE.

Oh ! non !

MOSSOUL.

Oh ! si !

LAVERDURETTE.

Oh ! non !

MOSSOUL.

Si !

LAVERDURETTE.

Non ! non !

Réfléchissant.

Ah ! vraiment, ma raison s'arrête.
Quand le malheur vient m'accabler,
Il faut que je sois assez bête
Pour le plaindre et le consoler !

MOSSOUL, *à part.*

Ah ! vraiment, ma raison s'arrête.
Quand le chagrin vient m'accabler,
Ce bon monsieur Laverdurette
Reste là pour me consoler !

LAVERDURETTE.

Quoi ! je perds tout à l'heure
Ma femme, et puis, je voi
Que c'est monsieur qui pleure,
Qui pleure plus que moi !
Quand après tant d'alarme
Mes yeux vont se mouiller,
Monsieur verse des larmes
Qu'il me fait essuyer !

MOSSOUL.

Ah ! croyez-le bien, sur mon âme,
Je ne me consolerai pas
De la perte de votre femme.

ENSEMBLE.

LAVERDURETTE.

Ah ! vraiment, ma raison s'arrête.
Quand le malheur vient m'accabler,
Il faut que je sois assez bête
Pour le plaindre et le consoler.

MOSSOUL.

Ah ! vraiment, ma raison s'arrête.
Quand le chagrin vient m'accabler,
Ce bon monsieur Laverdurette
Reste là pour me consoler !

MOSSOUL.

Tenez, ne parlons plus de cela !... éloi-
gnons cette idée.

LAVERDURETTE.

Cependant...

MOSSOUL.

Je vous prie, cousin... ménagez ma dou-
leur !... parlons d'autres choses.

LAVERDURETTE.

Quoi donc ?

MOSSOUL.

Qu'avez-vous décidé sur les dispositions
testamentaires qui vous restent à faire ?

LAVERDURETTE.

Comment dites-vous ?

MOSSOUL.

Je vous demande quelles sont vos idées re-
lativement à la destination de vos biens ?...

LAVERDURETTE.

Qu'est-ce qu'il me chante là ?

MOSSOUL.

Vous comprenez... au moment de quitter

cette vie pleine d'amertumes et de douleurs...
il est doux de savoir qu'on a arrangé ses
affaires, qu'on a disposé de ses biens d'une
manière convenable... il est doux de faire
des heureux... quand soi-même...

LAVERDURETTE.

Vous savez, cousin, je ne comprends pas
un mot de ce que vous me dites...

MOSSOUL.

Après le malheur qui vient de vous arri-
ver, vous n'ignorez pas quel sort vous est
réservé?

LAVERDURETTE.

Je l'ignore!... parlez! (*A part.*) Il m'effraye!

MOSSOUL.

Vous connaissez la loi du pays sur le suicide!

LAVERDURETTE.

Ah! il y a une loi sur le suicide?

MOSSOUL.

Et cette loi veut que le survivant aille re-
joindre dans le plus bref délai... celui ou
celle qui s'est déterminé à partir le premier!

LAVERDURETTE.

Vous... vous dites?...

MOSSOUL.

Tenez... voici la loi...

LAVERDURETTE.

Allons donc... c'est impossible... cette loi
serait trop barbare!

MOSSOUL.

Non, pardon... je tiens à vous expliquer...
celui ou celle qui se détruit... est malheureux
sur cette terre... donc, son existence étant
liée à celui ou à celle qui est son époux ou
sa femme, il s'ensuit que c'est le survivant
qui a rendu l'autre malheureux... or...

LAVERDURETTE.

N'achevez pas!

MOSSOUL.

N'est-il pas de bonne justice que dans un
ménage tous les biens comme tous les maux
soient également partagés?

LAVERDURETTE.

J'ai peur de comprendre!

Il tombe sur le divan.

MOSSOUL.

L'intention du législateur, en faisant cette
loi juste et sainte dans son principe, a été
d'établir la peine du talion... c'est pourquoi,
cousin... je venais vous demander si, au moment de dicter vos dernières volontés....
moi, Mossoul, votre cousin, le seul parent
qui restât à votre femme, j'étais porté sur
votre testament... Mais qu'avez-vous donc?...

LAVERDURETTE, *se levant.*

J'ai... mais c'est une horreur! une infa-
mie!

Il se promène tout agité.

MOSSOUL.

C'est le texte de la loi!

LAVERDURETTE.

Vous voulez m'effrayer, je le sais!

MOSSOUL.

Moi!...

LAVERDURETTE.

Vous m'en imposez, Mossoul!

MOSSOUL.

A votre aise, cousin!... je vous laisse du
reste méditer sur ce que vous avez à faire...
le gouverneur du Malabar doit être informé
du malheur arrivé à Djina... (*Allant à la fenêtre.*) Eh! mais, je ne me trompe pas... tenez, voyez plutôt... des gardes de ce côté...
au bas de la porte...

LAVERDURETTE.

Je suis anéanti!

MOSSOUL.

Mais je ne veux pas abuser trop longtemps
de vos précieux moments... et je me retire...
Adieu, cousin, adieu!...

Il sort.

SCENE XI.

LAVERDURETTE, *puis* MARFORIO.

LAVERDURETTE, *seul.*

Il a bien fait de partir... de me laisser
seul... cette loi sur le suicide... mais non,
c'est une atroce plaisanterie du cousin... et
cependant, ces mesures prises à mon égard...
ma maison cernée... les portes gardées... et
cette solitude... la nuit qui vient... tout cela
m'effraye, j'en ai le frisson... Ah! mon Dieu!
qui est là!... qui est là?...

MARFORIO, *entrant.*

C'est moi, monsieur!... mais qu'avez-vous
donc?...

LAVERDURETTE.

Ah! c'est toi, Marforio... j'ai eu peur...
mais ce n'est rien...

MARFORIO.

Monsieur, il y a là une personne qui dé-
sire être introduite auprès de vous.

LAVERDURETTE.

Qui cela peut-il être?

MARFORIO.

Un officier public.

LAVERDURETTE.

Un officier public!... ah! mon Dieu! le
cousin m'avait bien dit...

MARFORIO.

Faut-il lui dire d'entrer?

LAVERDURETTE.

Non!... oui!... non!... si!...

MARFORIO, *à part.*

Mon pauvre maître, il me fait de la peine...

et si j'osais... mais j'ai promis à madame
Laverdurette...

LAVERDURETTE, *à lui-même.*

Que peut-il me vouloir, cet officier public ?

MARFORIO, *à la cantonade.*

Donnez-vous la peine d'entrer.

SCÈNE XII.

LAVERDURETTE, DJINA, *enveloppée d'une
pagne ou cafetan, et déguisant sa voix.*

LAVERDURETTE.

Marforio ! des lumières !

DJINA.

C'est inutile !... le silence et l'obscurité
de la nuit sont nécessaires à l'entretien que
nous allons avoir...

LAVERDURETTE.

Ah ! mon Dieu !

DJINA, *bas à Marforio.*

Pars et n'oublie pas mes recommandations !

MARFORIO.

Oui, madame ! (*A part, en sortant.*) Je
vais voir comment mon épouse se comporte.

DJINA.

Maintenant, monsieur Laverdurette, que
nous sommes seuls... causons !

LAVERDURETTE.

Pardon !

DJINA.

Ne m'interrompez pas !... vous n'ignorez
pas que je suis officier public ?...

LAVERDURETTE.

Si j'osais...

DJINA.

Ne m'interrompez pas... chargé de régler
la cérémonie...

LAVERDURETTE.

Permettez-moi...

DJINA.

Ne m'interrompez-pas, vous dis-je !...

LAVERDURETTE.

Pardonnez-moi si je vous interromps.....
mais vous m'avez dit tout à l'heure : Maintenant que nous sommes seuls... causons !

DJINA.

Eh bien ?...

LAVERDURETTE.

Eh bien, je remarque qu'il n'y a que
vous qui causez...

DJINA.

C'est bon... je n'ai que faire de vos ob-
servations... Ecoutez-moi... je suis chargé
d'un bien triste devoir.

LAVERDURETTE.

Ah ! d'un triste devoir !...

DJINA.

Et je viens savoir ce que vous avez
statué !...

LAVERDURETTE.

Statué !... sur quoi ?

DJINA.

Je viens vous demander quel genre de
mort vous préférez !

LAVERDURETTE.

Mais je n'en préfère aucun !

DJINA.

Votre femme, la malheureuse Djina s'est
noyée. .

LAVERDURETTE.

Elle avait bien besoin de se noyer !... qui
est-ce qui l'en priait ?

DJINA.

Et vous avez le droit d'en faire autant !

LAVERDURETTE.

D'en faire autant !... merci bien... je n'u-
serai pas de mon droit !

DJINA.

Alors, il ne reste plus qu'à vous offrir une
des deux cérémonies ordinaires...

LAVERDURETTE.

Voyons un peu les deux cérémonies ordinaires....

DJINA.

La première consiste à se placer sur un
bûcher.

LAVERDURETTE.

Allumé ?

DJINA.

Oui !

LAVERDURETTE.

N'allons pas plus loin... c'est **inutile**...
Passons à l'autre cérémonie...

DJINA.

Oh ! elle est plus simple !

LAVERDURETTE.

Voyons !

DJINA.

On pratique un caveau souterrain... les
restes de la pauvre Djina y sont déposés.....
on vous y descend !

LAVERDURETTE.

Tout vivant ?...

DJINA.

Tout vivant !

LAVERDURETTE.

Ah ! c'est là ce que vous appelez la cérémonie la plus simple !...

DJINA.

Seulement, avant de fermer le souterrain
par une lourde pierre...

LAVERDURETTE.

Il y a une lourde pierre par-dessus le
marché !...

DJINA.

Avec des crocs en fer !

LAVERDURETTE.

Des crocs ?...

DJINA.

On vous donne une cruche pleine d'eau et du pain noir... c'est une dernière attention !

LAVERDURETTE.

Très-délicate, sans doute !... mais ça ne me sourit pas du tout !

DJINA.

Vous refusez encore ?

LAVERDURETTE.

Très-bien ! très-bien ! très-bien !

DJINA.

Allons, puisque nous ne pouvons pas nous entendre, je vais trouver le gouverneur... qui tranchera...

LAVERDURETTE.

Qui tranchera ?...

DJINA.

La difficulté !... Adieu !

LAVERDURETTE, *l'arrêtant.*

Un moment ! un moment... Tenez, monsieur, je suis sûr que vous n'êtes pas aussi méchant que vous le paraissez !

DJINA.

Où voulez-vous en venir ?

LAVERDURETTE.

Si... si... j'essayais de vous corrompre !..

DJINA.

Qu'est-ce à dire !...

LAVERDURETTE.

Ne nous fâchons pas ! Si je vous offrais de l'or !... hein ?...

DJINA.

Monsieur !... (*A part.*) Allons donc !... il y vient !

LAVERDURETTE.

Si je vous offrais des diamants !... ah !

DJINA.

Monsieur !

LAVERDURETTE.

Allons, voyons, laissez-vous fléchir !... procurez-moi les moyens de me soustraire aux poursuites de la justice... et ma fortune...

DJINA.

Est à moi ?

LAVERDURETTE.

Ah ! pas tout... je vous en offre le quart !

DJINA.

LAVERDURETTE.

La moitié ?...

DJINA.

Non... je veux tout !

LAVERDURETTE.

Tout !... Si je vous donne toute ma fortune... qu'est-ce qui me restera pour vivre ?... c'est me sauver la vie pour me faire mourir de faim !...

DJINA.

Ceci vous regarde !... d'ailleurs, je réfléchis... je cours trop de dangers !

LAVERDURETTE, *s'arrêtant.*

Un instant, un instant donc !... quel singulier homme vous êtes !... Eh bien, puisqu'il le faut... je vous promets tous mes diamants !

DJINA.

Vous promettez ? Non pas ! non pas !... donnez d'avance... Allons, décidez-vous... le temps presse... où sont-ils ?...

LAVERDURETTE, *allant prendre la cassette.*

Les voici !... mais songez que c'est là tout mon bien, le fruit de mon travail... vous n'auriez pas la cruauté... Oh ! non... chère petite cassette... va !

DJINA.

Assez ! assez ! donnez !

LAVERDURETTE.

Comment ! vous la prenez ?...

DJINA.

Du tout... je l'accepte !

LAVERDURETTE.

Mais je ne voulais pas...

DJINA.

C'est bien... maintenant, vous êtes...

LAVERDURETTE.

Volé !...

DJINA.

Sauvé !... Je sors pour préparer tout ce qui est nécessaire à votre évasion... je me charge de tout !

LAVERDURETTE.

Je crois bien... à ce prix-là !

DJINA.

Marforio, votre domestique, nous secondera... Adieu, et comptez sur moi... (*A part.*) Ah ! monsieur mon mari, vous êtes en mon pouvoir... (*Haut.*) Adieu !...

LAVERDURETTE.

Je vous attends !

Djina sort.

SCÈNE XIII.

LAVERDURETTE, *puis* MARFORIO.

LAVERDURETTE.

Cet officier public me fait l'effet d'un brave homme... il manque à ses devoirs comme magistrat, je l'avoue... il me vole ma fortune, j'en conviens... mais je ne puis pas me dissimuler qu'il me sauve la vie... pouvu que tout réussisse !...

MARFORIO, *arrivant avec une lumière et un paquet sous le bras.*

Monsieur !

LAVERDURETTE.

Ah ! tu viens de voir l'officier public !

MARFORIO.

Oui, monsieur... et voici tout ce qu'il faut pour vous sauver !

LAVERDURETTE.

Qu'est-ce que cela ?... une échelle de cordes !...

MARFORIO.

Oui, monsieur... votre maison est cernée... de ce côté... par ici seulement on a négligé de vous surveiller... nous allons placer cette échelle à la fenêtre...

LAVERDURETTE.

A cette fenêtre !... trente pieds de haut... diable !...

MARFORIO, *plaçant l'échelle.*

Quand vous serez au bas de la maison, vous gagnerez le rivage... le patron du bâtiment qui part tout à l'heure, a le mot, il a été gagné... et dans un quart d'heure vous êtes loin d'ici... Là, l'échelle est placée... dépêchez-vous !...

LAVERDURETTE.

Dépêchez-vous... dépêchez-vous... mais est-elle solide au moins, ton échelle ?...

MARFORIO.

Oui, oui... soyez tranquille !

LAVERDURETTE.

C'est que si elle cassait... dam ! trente pieds de haut !...

MARFORIO.

Il n'y a pas de danger !

LAVERDURETTE.

Non... tiens, Marforio... veux-tu me faire un plaisir ?

MARFORIO.

Oui, monsieur !

LAVERDURETTE.

Passe le premier... s'il arrive quelque malheur.... j'aime autant que ce soit toi.... j'aime mieux que ce soit toi !...

MARFORIO.

Merci, monsieur !... mais je ne peux pas... et ma femme qui m'attend... allez toujours... je vous rejoindrai plus tard !... (*Laverdurette descend par la fenêtre et disparaît.*) La nuit est noire... je ne l'aperçois plus... il doit être en bas... le reste regarde madame Laverdurette !

LAVERDURETTE, *en dehors.*

Marforio !... l'échelle !..,

MARFORIO, *à la fenêtre.*

Taisez - vous , monsieur... voici quelqu'un... (*A lui-même.*) Moi je me sauve !...

SCÈNE XIV.

MARFORIO, MOSSOUL.

FINAL.

MOSSOUL.

Où vas-tu ?

MARFORIO.

Je vais voir ce que fait ma femme,
Je connais son humeur jalouse;
Mais pardon !

MOSSOUL.

Et ton maître ?

MARFORIO.

Il part en cet instant,
Je vais en faire autant !
Adieu !

MOSSOUL.

Ah ! malheureux !

MARFORIO.

Ah ! je vous en supplie !

MOSSOUL.

Mais, malheureux, si ton maître est parti,
Ta vie alors répondra pour sa vie...
La loi le veut ainsi !

MARFORIO.

Merci ! merci !
Allons, bon... d'un côté,
Ma femme peut me mettre
Dans un très-mauvais cas ;
Et d'un autre côté,
Répondant pour mon maître,
Je puis sauter le pas !

ENSEMBLE.

Allons au trépas, je il n'échappera pas !

Hélas ! pour lui, quel embarras!
pour moi,

MARFORIO, *à part.*

Ma foi, pour qu'il me laisse aller,
Je vais tout dévoiler...

Haut.

Monsieur, sachez donc que Djina...

MOSSOUL.

Eh bien, Djina?

SCÈNE XV.

LES MÊMES, DJINA, *toujours drapée de son cafetan.*

DJINA.

Me voilà !

MOSSOUL.

Quoi ! vous, Djina !... quel étrange mystère !

DJINA.

Plus tard, je vous dirai ce que j'ai dû vous taire...

A Marforio.

Et mon mari ?...

MARFORIO, *désignant la fenêtre.*

Parti !

MOSSOUL.

Parti !

DJINA.

Allons, mon plan a réussi !
Vous voyez bien, mon cher mari,
Que lorsque j'ai mis dans ma tête
Une idée, une chose, il faut qu'elle soit faite !...

SCENE XVI.

LES MÊMES, LAVERDURETTE.

LAVERDURETTE, *en dehors.*

Marforio ! Marforio !

DJINA.

C'est sa voix, plus de doute !

MARFORIO.

Il aura flâné sur la route !

DJINA.

Va voir... Que te veut-il ?

MARFORIO, *à la fenêtre.*

Mon maître, je suis là !

Vous devriez être bien loin déjà !

LAVERDURETTE, *en dehors.*

Eh ! je serais parti sans ta maudite échelle,
Elle est trop courte...

MARFORIO.

Qui pouvait s'en douter !

DJINA, *à Morforio.*

Marforio, je compte sur ton zèle...
A Mossoul.
Et sur votre silence...
Soufflant les bougies.
Et sur l'obscurité...
A Marforio.
Dis-lui de remonter !

MARFORIO, *à la fenêtre.*

Monsieur, remontez à l'échelle...
Allons, dépêchez-vous... voici ma main...

LAVERDURETTE, *sautant sur le théâtre.*

Merci !

N'ai-je rien à craindre ici ?
Nous sommes seuls ?...

DJINA, *changeant sa voix.*

Non, me voici !

LAVERDURETTE.

Qui ?

DJINA.

L'officier public... le bâtiment s'apprête.

LAVERDURETTE.

Brave officier public... vous me sauvez la tête !
C'est à la vie, à la mort entre nous !

DJINA *et* MARFORIO.

Eh bien, quel parti prenez-vous ?

LAVERDURETTE.

Je prends le chemin de la plage,
Je prends le premier bâtiment,
J'y prends place, j'y prends passage.
Et je prends mon département !
Adieu, Marforio !

DJINA, *à demi-voix à Mossoul.*

Adieu, mon cher cousin !

MOSSOUL, *bas à Djina.*

Je m'en vais avec vous !

MARFORIO.

Est-ce en France que nous allons ?

LAVERDURETTE.

Quoi ! tu pars avec nous ?

MARFORIO.

Oui... je pars avec vous.
De femmes ce pays abonde,
Et j'y contracte une union !

TOUS.

Encor te marier ?

MARFORIO.

C'est mon intention !
Je veux me marier aux quatre coins du monde !

DJINA, *à Laverdurette.*

Eh bien ! ne perdons pas un instant... le
navire nous attend, nous pourrions être dé-
couverts... Venez, je réponds de vous.

LAVERDURETTE.

Ne me quittez pas !

DJINA.

Soyez tranquille... Je vous accompagne
jusqu'en France !

LAVERDURETTE.

Avec mes diamants !...

DJINA, *montrant la cassette qu'elle a sous
le bras.*

Ils sont là !...

LAVERDURETTE.

Alors, c'est moi qui ne vous quitte plus.

ENSEMBLE. FINAL.

DJINA.

Il fuit de ce pays la sévère justice,
Il demande à partir, et sans plus de retard...
Allons, que désormais le sort lui soit propice,
Mais il se souviendra longtemps du Malabar !

LAVERDURETTE.

Fuyons de ce pays la sévère justice,
Le bâtiment est prêt... dépêchons sans retard...
Allons, que désormais le sort me soit propice,
Mais je me souviendrai longtemps du Malabar !

MARFORIO.

Fuyons de ce pays la sévère justice,
Le bâtiment est prêt... dépêchons sans retard...
Que le sort de ma femme à présent soit propice,
Moi, je plains le destin des veufs du Malabar !

MOSSOUL.

Il fuit de ce pays la sévère justice,
Djina que j'aimais tant me quitte sans retard...
Puissé-je, si le sort me devenait propice,
Pour aller les revoir, quitter le Malabar !

FIN.

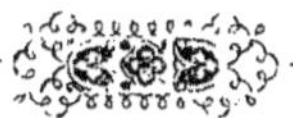

RÉPERTOIRE DE L'OPÉRA.

En vente,

CHEZ Mme Ve JONAS,

LIBRAIRE-ÉDITEUR DE L'ACADÉMIE ROYALE DE MUSIQUE,

PASSAGE DU GRAND-CERF, 52.

CATALOGUE DES PIÈCES:
OPÉRAS.

LA MUETTE DE PORTICI, 5 actes.
ROBERT LE DIABLE, 5 actes.
LE LAC DES FÉES, 5 actes.
GUILLAUME TELL, 3 actes.
LA JUIVE, 5 actes.
LES HUGUENOTS, 5 actes.
GUIDO ET GINEVRA, 5 actes.
BENVENUTO CELLINI.
LA VENDETTA, 3 actes.
LA XACARILLA, 2 actes.
GUSTAVE, 5 actes.
LES MARTYRS, 4 actes.
STRADELLA, 3 actes.
LA FAVORITE, 4 actes
LE COMTE CARMAGNOLA 2 actes.
LE FREISCHUTZ, 3 actes.
LA REINE DE CHYPRE, 5 actes.
CHARLES VI, 5 actes.

LE GUÉRILLERO, 2 actes.
LE VAISSEAU FANTÔME, 2 actes.
DON SÉBASTIEN DE PORTUGAL, 5 actes.
LE LAZZARONE.
LE SERMENT, 3 actes.
LA VESTALE, 5 actes.
FERNAND CORTEZ, 3 actes.
MOÏSE, 3 actes.
LE PHILTRE, 2 actes.
DON JUAN, 5 actes.
LE DIEU ET LA BAYADÈRE, 2 actes.
LE COMTE ORY, 2 actes.
RICHARD EN PALESTINE, 3 actes.
MARIE STUART, 5 actes.
OTHELO, 3 actes.
LUCIE DE LAMERMOOR, 4 actes.
L'ÉTOILE DE SÉVILLE, 4 actes.
DAVID, 3 actes.

LE VEUF DU MALABAR, opéra-comique en un acte, prix: 60 centimes

BALLETS
A UN FRANC.

LA RÉVOLTE DES FEMMES.
LE DIABLE BOITEUX.
LA CHATTE MÉTAMORPHOSÉE EN FEMME
LA GYPSY.
LA TARENTULE.
LA TEMPÊTE.
LA SYLPHIDE.
LE DIABLE AMOUREUX.
GISELLE.

LES NOCES DE GAMACHE
LA FILLE DU DANUBE.
LA JOLIE FILLE DE GAND
LA PÉRI.
LADY HENRIETTE.
EUCHARIS.
LE DIABLE A QUATRE.
PAQUITA.

BEAUTÉS DE L'OPÉRA.
Prix: 2 fr. la livraison

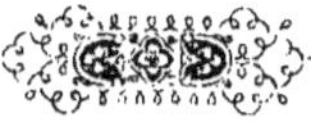

www.ingramcontent.com/pod-product-compliance
Lightning Source LLC
LaVergne TN
LVHW010821180726
843502LV00009B/3457